30秒
看世界

U0852788

30秒认识恐龙

[英] 肖恩·卡勒雷 著

[英] 萨姆·哈伯德 绘

[英] 乔纳森·坦南特 顾问

王原 袁梦 译

中信出版集团 | 北京

图书在版编目（CIP）数据

30 秒认识恐龙 /（英）肖恩 · 卡勒雷著；王原，袁梦译 . -- 北京：中信出版社，2019.7

（30 秒看世界）

书名原文：Dinosaurs in 30 Seconds

ISBN 978-7-5217-0732-8

I. ① 3… II. ①肖… ②王…③袁… III. ①恐龙－少儿读物 IV. ① Q915.864-49

中国版本图书馆 CIP 数据核字（2019）第 116898 号

Dinosaurs in 30 Seconds

Simplified Chinese translation copyright © 2019 by CITIC Press Corporation

ALL RIGHTS RESERVED

本书仅限中国大陆地区发行销售

30秒认识恐龙

著　　者：[英] 肖恩 · 卡勒雷

译　　者：王原　袁梦

出版发行：中信出版集团股份有限公司

（北京市朝阳区惠新东街甲 4 号富盛大厦 2 座　邮编　100029）

承 印 者：北京利丰雅高长城印刷有限公司

开　　本：787mm × 1092mm　1/16　　印　　张：5　　字　　数：60 千字

版　　次：2019 年 7 月第 1 版　　印　　次：2019 年 7 月第 1 次印刷

京权图字：01－2018－7505　　广告经营许可证：京朝工商广字第 8087 号

审 图 号：GS（2018）5921 号

书　　号：ISBN 978－7－5217－0732－8

定　　价：460.00 元（全 20 册）

图书策划：见识城邦

策划编辑：肖雪　程时音　　责任编辑：卢建勇　曲沛然　于贺

营销编辑：杨璞　　装帧设计：象上设计

责任印制：刘新蓉

版权所有 · 侵权必究

如有印刷、装订问题，本公司负责调换。

服务热线：400－600－8099

投稿邮箱：author@citicpub.com

30秒认识恐龙

目录

序

60秒介绍

为什么人们对恐龙充满兴趣？是因为它们不可思议的体形吗？有的恐龙有5辆双层巴士那么长，有的则有5层楼那么高。又或许是因为它们的长相吗？它们有像匕首一样锋利的牙齿和爪子，奇怪的头冠和角，还有长着长长尖刺的背部和尾巴，有些恐龙甚至还有翅膀和羽毛。它们看起来就像传说中的龙和怪兽来到了现实世界。

这本书将带你回到大约2.25亿年前，那个恐龙统治地球的时代。恐龙时代持续了1.6亿年，大约是人类从出现至今这一段时间的800倍。这段时间里，大陆被撕裂、挤压，这一过程形成了山脉，发生了成千上万次的火山爆发，甚至塑造了整片整片的海洋。

这是一个极端的世界，恐龙经常“猎杀或被猎杀”，只有最凶猛或最庞大的恐龙才不会被其他恐龙猎杀。你可以在巨大的沼泽森林、有毒的潟湖、广阔的沙漠和致命的沙尘暴中探索这个神奇的世界，除了恐龙，还可以发现巨型昆虫、海洋生物和飞行的爬行动物。

但是我们又是怎样知道这一切曾经真

的存在呢？当然是通过古生物学家了！这些恐龙侦探挖掘出了这些巨兽在很久以前的生活真相。地下发现的一些骨骼和牙齿，甚至仅仅是一个脚印，就能揭示恐龙长什么样子，它吃什么，甚至跑得多快。

然而，仍然有很多关于恐龙的谜团尚未解开。它们的皮肤是什么颜色，它们会发出怎样的声音，我们都无法确定。我们知道它们突然地就灭绝了，但我们仍然有很多疑问，比如它们是怎么灭绝的？为什么会灭绝？我们真的了解这些神奇生物的真实故事吗？拿起你的工具，我们开始进行更加深入的探索吧。

生命起源

大约46亿年前，地球是一个岩石行星，整个表面都是流动的岩浆。当时的地球上没有可呼吸的空气，也没有水。经过数十亿年，随着水的出现，生命开始形成、发展。最早的生命是原始的单细胞生物，然后是简单的海洋生物。当植物开始在陆地上生长时，动物也从水中迁移到了陆地上。同样开始在这个时期繁衍昌盛的蜥蜴般的生物，便是地球上最大的陆生动物——恐龙最早的亲戚。

地质年代表

30秒大揭秘

在你脚下有很多层的岩石。所有这些岩层被称为地层，它们最终形成了地球。这些地层延伸到了离地面很远的地方——想象一下你最喜欢的蛋糕里面的层次，对，就是那个样子！

当这些地层组合在一起时，可以向我们展示从地球刚刚形成一直到现在的所有时期，这就是地质年代表。这个年代表以“亿年”和“万年”为单位，展示了地球上所发生的一切，包括各大陆的漂移和分离、火山爆发、大规模物种灭绝以及新的动植物种类的出现。

通过研究这些岩层，科学家甚至可以了解当时的气候是什么样的。在这些岩层中还能发现植物和动物的化石，这可以让我们看到地球在不同阶段有哪些种类的生命。

这帮助我们发现了非凡的“恐龙时代”，这一时代持续了1.6亿年*。当时，恐龙是陆地上最大、最可怕的生物。

3分钟任务

独立挖掘

你需要准备：小型挖掘工具、小刷子、容器、细绳、4只衣服夹和4根棍子

1. 选好一块方形区域，并把4根棍子立在选定区域的四个角上。
2. 把绳子绕在棍子上，把衣服夹固定在绕好的绳子上之后，用绳子把四根棍子连起来。
3. 开始挖掘！如果你发现了一块“化石”（可能是一根骨头、一块石头或一粒种子），用你的刷子把它刷下来，然后把它放置在你的容器里。

3秒钟总结

地质年代表将地球从诞生到现在的时间划分成多个阶段。

*本书所用的数据，均为原著数据，因标准不同，故与国内的数据并不一致。——编者注

地球的各个地层和岩层中所发现的生物化石，展示了从地球起源到现在的不同时代

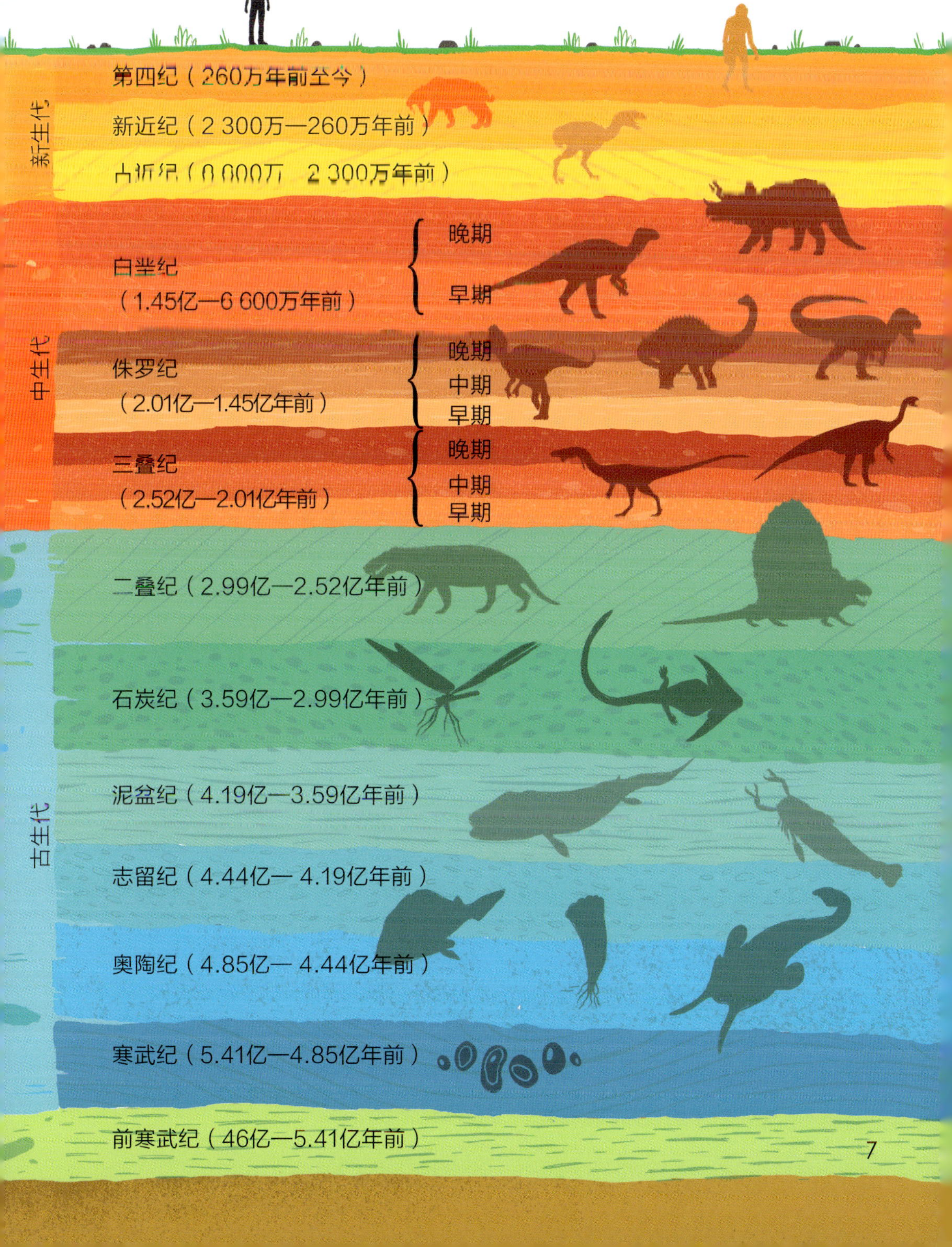

什么是进化

30秒大揭秘

进化需要很长很长的时间。我们是鱼类的后代，但是这并不是说哪条鱼在某一天早上醒来之后，它就能走到陆地上，再冲一杯热饮料喝！从类人猿进化到人类已经用了500万年，而从最早的原始的单细胞生物一直演化到我们人类，已经花费了30亿年以上的时间。

鱼类在陆地上呼吸需要气囊，还需要用肌肉发达的鳍来“行走”，在它们来到陆地之前还需要进行数千次改变，更不用说要演化出握住杯子所需要的拇指和其他的手指兄弟们了。

可这些变化是如何发生的呢？ 有时，一个生命体会产生一个不同于其父母的特征。比如一只小恐龙的身上有“绒毛”——这通常是由于基因的变化。在那个小恐龙的DNA（DNA的全名是脱氧核糖核酸，它是一种能告诉我们的身体如何生长的密码）里，有一些东西可以使绒毛长出。

在一个寒冷的冬天，当小恐龙的兄弟姐妹死于寒冷的气候时，这种绒毛可能使这只恐龙保持温暖。而这只毛茸茸的恐龙又繁衍出了更多毛茸茸的小恐龙，它们都能在寒冷中活下来。时光快进几百万年，我们就会看到带羽毛的恐龙了！而它们已经随着时间适应了新的环境，因为有绒毛和羽毛的它们可以保暖。这样，恐龙就完成了一次进化。

3秒钟总结

动物和植物都会随着时间慢慢变化。

3分钟任务

趋同进化

为了生存，大多数生物需要防御捕食者，尽管它们看起来完全不同，但有些植物和动物最终会有奇怪的相似特征——这就叫作趋同进化。那么，你可以猜一猜：“我已经长出尖刺来抵御那些想要吃掉我的东西，我是谁？”

（答案在第78页）

进化涉及很长一段时间里的大量变化，这些变化通常都很不起眼。从鱼在陆地上“变成”蜥蜴便可看出

最初的生命

30秒大揭秘

大约46亿年前，地球是一块火一般炽热的岩石。当时的空气对生命来说是有剧毒的。但随着岩石的冷却，地球形成了生命所需的两大要素：氧气和水。

最早的生命形式是原始的单细胞生物，它们生长在浅海中。后来出现了小蠕虫和一些简单的生物，如海星和海绵，随后是身体坚硬的三叶虫和鹦鹉螺。这一段过程花费了数十亿年，但到了泥盆纪（4.19亿—3.59亿年前），地球的海洋和湖泊中就已经到处都是鱼类，比如说鲨鱼和鳗鱼，甚至还有了珊瑚礁。这期间发生了很多事情！

植物一开始只有几厘米高，它们慢慢地沿着水域的边缘生长，渐渐变得繁茂起来。这些植物可能是驱使节肢动物（蜘蛛和昆虫的早期祖先）登上陆地的原因。这些类似于千足虫的生物是地球上最早的陆生动物。

海洋中继续出现了各种各样的动物，从巨大的海洋蝎子到盔甲鱼。但是在大约3.9亿年前，一种特殊的鱼类上岸了。这种鱼可以用肌肉发达的鳍“爬”上陆地，它可以暂时离开遍布沼泽的内陆海，在陆地上生活一段不太长的时间。恐龙（甚至你和我！）就是这些最早的四足动物或称四肢动物的后代。

小知识

为什么鱼会冒险进入陆地？

一些科学家认为，随着古老水域的逐渐干涸，鱼类开始进入陆地寻找新的水体。另一些人则认为鱼类当时适应了潮汐现象，因为有时潮汐会使它们留在陆地上。还有一种看法是，这些鱼的“四肢”可以帮助它们躲避捕食者，甚至可以让它们在有树根和树干的浅水中捕食。

3秒钟总结

生命源于水中，然后扩展到陆地上。

地球上最早的生命进化为陆生生物花费了几十亿年时间

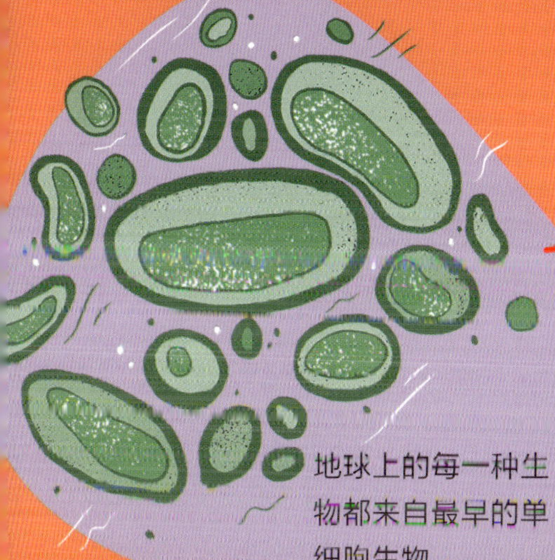

地球上的每一种生物都来自最早的单细胞生物

刺胞动物兴盛——它们没有骨头、贝壳，也没有牙齿

身体坚硬的三叶虫有着复杂的眼睛，这些眼睛帮助它们捕猎和躲避捕食者

许多早期的鱼都有“盔甲”，并在海底觅食

提塔利克鱼是一种肉鳍鱼，有原始的肺、鳃和能负重的鳍

向陆地迁移

30秒大揭秘

在石炭纪（3.59亿—2.99亿年前），温暖的浅海中已经有很多种生物，地球上只有一块大陆，那就是泛大陆（也叫盘古大陆）。

巨大的沼泽和长满了参天大树的森林将大量的氧气释放到湿热的空气中。昆虫在富含氧气的环境中繁衍生息，体形变得非常巨大。有些飞虫会长到海鸥那么大，而千足虫几乎可以和汽车一样长。

3.9亿年前爬到陆地上的硬骨鱼也在适应环境。这些早期的四足动物长着长长的尾巴，还有鱼鳞般的鳞片，它们的四肢张得很开。它们的长度，有的甚至是现今最大的蜥蜴——科莫多巨蜥——的两倍。它们以昆虫和鱼类为食，在陆地上生活的时间更长，但是与所有两栖动物一样，仍然需要在水中生活并将它们产下的卵孵化。

随着时间的推移，四足动物进化出了用来呼吸空气的肺，而在远离水的时候，它们的皮肤也不会变干。它们产下的卵变得更坚硬，卵壳可以透气，所以可以在陆地上孵化。正是这些卵使它们能够完全在陆地上生活。这些生物是恐龙最早的祖先。

3秒钟总结

通过进化，第一批两栖动物可以完全在陆地上生活。

小知识

巨兽！

巨脉蜻蜓是一种巨大的蜻蜓类昆虫，翼展可达1米，它以食用其他昆虫和小型两栖动物为生。为什么巨脉蜻蜓如此巨大？科学家认为，一些石炭纪生物的巨大体形是由于空气的缘故，那时空气中的氧含量是今天空气中的3倍，而氧气能促进身体组织的生长，所以生物吸进去的氧气越多，就能长得越大。

在石炭纪时期，巨大的昆虫和早期的四足动物在陆地上出现
巨脉蜻蜓和海鸥一样大
3.6亿年前的地球大陆
两栖动物林蜥可以在陆地上产卵
树木长得像美国的自由女神像以及英国的大本钟那么高大
笠头螈等许多动物仍然在海里产卵
古马陆只吃植物
棘螈有腿一样的鳍，但它却只待在海里

最早的爬行动物

30秒大揭秘

在石炭纪晚期，大陆开始合并成巨大的泛大陆。气候变得更加寒冷、干燥。世界上许多巨大的热带雨林都消失了，取而代之的是大片的沙漠和坚硬的针叶树与苏铁，这些树占据了雨林的位置。许多两栖动物因无法适应这些变化而灭绝。

然而，可以在陆地上产卵的动物在这个更加干燥的二叠纪的世界（2.99亿—2.52亿年前）倒是过得很好。它们进化成了爬行动物，身体外表面变得更加坚硬，也不会干裂。它们与现代的短吻鳄和蜥蜴类似，用太阳的热量来温暖身体。

一种特殊的爬行动物——兽孔目成了这一时代的宠儿。像哺乳动物一样，它们的腿收拢在身体下方，头骨上有两个额外的洞，这使它们的头更轻、更容易移动。丽齿兽会利用它庞大的獠牙捕食，而东北虎一般大的麝足兽会用它强壮的下颚咀嚼坚硬的植物。小的双齿兽像现代囊地鼠一般隐蔽在地下。这些新特性帮助这些兽孔目动物在严酷的二叠纪世界中生存下来，当然也为后来它们的一些哺乳动物亲戚提供了便利。

小知识

假恐龙

背上像有着一个大帆的异齿龙常被误认为是恐龙。可是它在第一批恐龙出现的4 000万年之前就已灭绝了。它看起来就像大型蜥蜴和恐龙之间的过渡物种，而且它与哺乳动物的关系要比与现代爬行动物更紧密。另一组冒名顶替者是初龙，其外观看起来像鳄鱼，但它们用两条腿走路。初龙和鳄鱼的关系不算太远，它们是恐龙和鳄鱼的早期祖先，可不要把它们搞混了哟！

3秒钟总结

在二叠纪时期，类似哺乳动物的大型爬行动物得到了很好的发展。

当泛大陆开始合并在一起的时候，像哺乳动物一样的爬行动物逐渐接管了世界

泛大陆的中心只有很少的雨水，于是，这里变成了一片广阔的沙漠

2.99亿年前的泛大陆

在二叠纪时期，针叶树和苏铁开始生长

麝足兽要花费很多时间吃大量植物，才能获得足够的营养

兔子大小的双齿兽住在洞里，它们的卵在那里可以得到更好的保护

因为有着两颗12厘米长的尖牙，形似灰狼的丽齿兽是很有本事的猎手

二叠纪大灭绝

30秒大揭秘

到了二叠纪时期，地球跟以前毫无生命存在的旧模样相比已经截然不同。而大约在2.52亿年前，大规模的火山爆发喷出了大量气体和火山灰，它们先让地球变热，然后又使它迅速冷却。

据我们所知，在二叠纪－三叠纪大灭绝中，几乎所有的海洋生物和70%的陆地生物都灭绝了。随着它们的灭绝，它们所属的整个物种都永远消失了。那时的泛大陆几乎就是地球上所有的陆地，包围在其周围的是泛大洋。沙漠覆盖了大陆炎热而又干燥的中心，夏季十分酷热，冬季十分寒冷。

经过几百万年，地球才恢复了生机。而如兽孔类的水龙兽这样的幸存者，则通常生活在气候比较温和的沿海地区，那里的蕨类、苔藓、木贼和银杏等植物便是它们的食物。

像鳄鱼一样的初龙适应了炎热和干燥的气候之后，开始成为当时的霸主。派克鳄是其中的第一批生物，它生活在现在的南非。它有着大大的眼睛，这意味着它可能生活在昏暗的环境中或者在夜间捕食，它甚至可能会用双腿短暂站立，并用尾巴帮助保持平衡。

3秒钟总结

这次物种大灭绝摧毁了绝大部分生命，但新的爬行动物群体却开始繁衍生息。

3分钟任务

火山爆发！

自己做一个冒烟的火山。值得注意的是，这需要在成人的监督下进行，并且要佩戴护目镜和手套！

你需要：2汤匙的小苏打、1个细颈玻璃瓶、1根细线、4汤匙的醋、1个气球和1位成年助手

1. 把小苏打放进玻璃瓶里。2. 把醋也倒进玻璃瓶，并立即把气球套在瓶子上并扎紧瓶口，不让气球漏气。3. 醋和苏打混合后发出嘶嘶声，并像“冒烟的火山”一样释放出二氧化碳气泡，使气球膨胀。

二叠纪－三叠纪
大灭绝之前……
火山开始喷发，但气候没有变化
陆地上、天空中和海洋里的生物物种都很丰富
兽孔类，如麝足兽、丽齿兽等开始盛行
内陆的环境很干燥，大地一片荒芜，而沿海地区却草木繁茂郁郁葱葱
大灭绝之后……
火山爆发和气候变化导致大部分陆生动物灭绝
像派克鳄这样的初龙在更干燥的气候下成功存活了下来
水龙兽是少数幸存下来的兽孔类动物

恐龙的到来

大约2.25亿年前，小恐龙在地球上迈出了第一步。它们的数量并不多，而且看起来一点儿也不像我们今天所想的巨大猛兽。它们中的一些成了食草动物，另一些则依赖捕猎和食肉。有些恐龙用四条腿走路，有些恐龙则用两条腿走路。到了三叠纪晚期，恐龙已经成为陆地上最大和最主要的动物。

最早的恐龙

30秒大揭秘

在二叠纪－三叠纪大灭绝之后，经过几百万年的进化，植物和动物重新焕发了生机。最终，沿海地区恢复了生机。大型树木（比如针叶树和苏铁）、低矮的植物（比如木贼和蕨类植物）都欣欣向荣。昆虫和小型哺乳动物的祖先都与爬行动物生活在一起，而翼龙已经飞向了空中。与此同时，海洋里的鱼类也越来越多，一些爬行动物甚至回到了水里。

三叠纪时期通常被称为“恐龙时代”的开始，但这并不是一夜之间发生的。事实上，经过了几百万年的时间，恐龙才成为当时陆地上最常见的也是数量最多的动物。

但是第一只恐龙是谁？科学家们无法给出确定的答案，不过他们对此还是有一些想法。在其他更大的大型爬行动物称霸世界时，最先出现了三类恐龙——兽脚类、蜥脚类和鸟臀类，它们成功繁衍。而当泛大陆在三叠纪末期开始分裂时，幸存下来的爬行动物主要是恐龙。

3秒钟总结

在三叠纪时期的生物中，恐龙只是很小的一部分。

小知识

与恐龙一起生活在世界上的生物

虽然恐龙可能在三叠纪时期统治了陆地，但在其他地方，物种也十分丰富。鱼龙就是一种重新回到海洋中生活的海生爬行动物，它们看起来既像鱼，又像海豚，它们可以呼吸空气，胎生幼体。还有一种名为秀尼鱼龙的物种，它有15米长。而从初龙进化而来的翼龙已经开始在天空翱翔。这些飞行的爬行动物有时会被人与恐龙混淆起来，它们起初很小，有一种只和蜂鸟一般大，有一种也不过跟乌鸦一般大。

兽脚类、蜥脚类和鸟臀类是最早出现的恐龙类型

农神龙，可能是第一种蜥脚类恐龙，它们生活在现在的巴西南部

最早的哺乳动物出现在三叠纪，看起来有点儿像老鼠

始盗龙是一种兽脚类恐龙，它可能既吃肉，又吃植物，用两条腿走路

皮萨诺龙是一种最早的鸟臀类恐龙，直到三叠纪晚期才出现

恐龙的类型

30秒大揭秘

为了更好地了解数千种不同的恐龙，科学家们将它们归入了恐龙家族的各个群体。

蜥臀目因为长有蜥蜴一样的臀部而得名，它们的骨盆像蜥蜴一样指向下方和前方。鸟臀目则长着鸟一样的臀部，它们的三块髋骨中有两块是指向后方的，并且像鸟的髋骨一样紧密相连。角龙，如三角龙、剑龙和甲龙，都是鸟臀目的恐龙，这类恐龙有喙，只吃植物，有些用两条腿走路，有些则用四条腿走路。

蜥臀目分为两类：大型的四足食草蜥脚类，如梁龙和腕龙，以及食肉的两足兽脚类，如驰龙和棘龙。兽脚类可以分成几组，但大多数都是坚尾龙类，它们有坚硬的尾巴，其中包括霸王龙和伶盗龙（也叫迅猛龙）。

另一组特别的蜥臀目是鸟类恐龙，它们更被人熟知的名字就是——鸟类！虽然臀部形状不同，它们却是兽脚类恐龙的直系后代。

3秒钟总结

许多种恐龙都因为共同的特征而被归为一类。

小知识

错误的名字！

尽管恐龙的名字意为“可怕的蜥蜴”，但恐龙并不是蜥蜴，部分原因是它们的腿与身体相连的方式。蜥蜴的四肢是向外伸展开的，而恐龙的腿直接从它们的身体向下方长出来，以支撑其更加沉重的身躯并保证它们能更快地进行长时间的运动。恐龙的头骨两侧也有多余的洞，可能是用来支撑下巴的肌肉。它们生下的卵有着坚硬的壳。完全生活在陆地上的恐龙，有着厚厚的、坚韧的皮肤。

随着时间的推移，两种截然不同的恐龙群发展起来了。这两组进一步分化，形成了许多不同类型的恐龙

最早的食肉恐龙

30秒大揭秘

最早的恐龙包括在三叠纪晚期（约2.30亿年前）出现的兽脚类恐龙，但它们并不是我们今天想象中的庞然大物。它们的体长通常不到2米，只是地球上众多爬行动物中的一小部分。

兽脚类恐龙是食肉动物，它们只吃肉类。强壮有力的爪子、锋利的牙齿以及可以用两条腿快速奔跑的能力（它们都是两足动物）可以让它们通过捕猎和觅食而生存。

作为一种典型的兽脚类动物，腔骨龙虽然只有3米长，但它眼神锐利、听觉灵敏，还有巨大的大脑。它轻巧、中空的骨骼有助于它快速奔跑、跳跃，从而有利于它抓住猎物。从牙齿来判断，腔骨龙生活在较早时期的亲戚——始盗龙可能是杂食动物，也就是说它既吃肉类也吃植物。

这些早期小型兽脚类恐龙的理想狩猎特征，将会在它们更大更可怕的后代中得到进一步发展，比如霸王龙。

3秒钟总结

早期的恐龙体形较小，用爪子捕猎或食腐。

3分钟任务

中空的骨头

哪一组“骨头”可以承受更大的重量?

你需要：8张A4纸、2块纸板、木块或石头和胶带。

1. 取4张纸，将它们各自卷成圆筒，用胶带固定。在4个纸筒上面压一块纸板。

2. 再卷4张纸，尽可能让纸筒中间没有空隙。把纸板压在它们的上面。

3. 在两块纸板上分别放木块或石头，渐渐增加，每次加一个，直到纸筒变弯或被压倒。猜猜看，哪一组“骨头”会先弯曲。

腔骨龙这样的小型兽脚类恐龙是最早的一批食肉动物

腔骨龙很可能以家庭为单位，过群居的狩猎生活

腔骨龙长长的尾巴可以使灵活的脖颈保持平衡，它的脖子可以弯曲、转向，从而用嘴巴捉住猎物

它有80颗锋利的牙齿，可以轻松撕咬食物

腔骨龙这个词Coelophysis的原意为“形成空腔”，这是因为它的骨骼里面存在空腔，有助于它快速地奔跑、跳跃

它的前肢很短，但后肢很长

长有利爪的趾部可能是用来抓紧猎物的

最早的食草恐龙

30秒大揭秘

较小的体形对于最早的兽脚类恐龙来说是比较适宜的，但对于那些最早的食草恐龙来说，体形大一些更方便。在蜥脚类食草恐龙中，有些可以靠两条腿走路，有些则是用四条腿。较大的体形可以帮助它们免受小型食肉动物的伤害。它们还需要很大的胃来处理大量的食物。蜥脚类恐龙为了靠不容易消化的植物生存下去，就必须吃很多东西。

为了取得高处的食物，蜥脚类恐龙把长长的脖子伸到树枝上。它们特殊的牙齿，可以咬掉苏铁和针叶树的任何部分，而这些植物就是它们的主要食物。

板龙可以长到10米长。在德国的斯瓦比亚地区发现了50多具板龙骸骨，这表明它们在当时非常普遍，并且以小群聚居。板龙的别名是“斯瓦比亚鳞龙”，这是因为在中世纪的传说中，鳞龙是一种无翼、有毒的龙。

当古生物学家第一次研究板龙化石时，他们认为板龙是用四条腿走路的。后来他们才发现，板龙的“手掌”接触不到地面，因此它们一定是用两条腿走路的，而板龙沉重的尾巴可帮身体保持平衡。

3分钟任务

把它们耙到一起

为了生存，一些蜥脚类恐龙会啃咬树皮，吃掉其他一些不易消化的树木，还会在它们牙齿间的空隙中“捕捉”坚硬的苏铁树叶和松针。你可以动手用花园耙试试耙草（秋天的时候也可以耙落叶），然后观察耙子是如何“抓住”草和树叶的。如果在室内，那么只要用梳子把头发梳理一下就可以明白了。不过要记住，千万不要吃下去哦！

3秒钟总结

在三叠纪晚期出现了大型的食草恐龙。

如板龙这样体形更大的恐龙是第一批食草恐龙

它的头很小，有长长的脖子和用来磨碎植物的牙齿

板龙主要用两条腿来走路，靠一条又大又重的尾巴来保持平衡

它的爪子能抓住树枝，并把树枝送到自己嘴里

这些爪子还可以用来自卫

五根脚趾更有利于板龙保持平衡

侏罗纪时期

在侏罗纪开始的时候（2.01亿年前），泛大陆分裂成两部分，并继续漂移。地球开始变得越来越温暖湿润，出现了浅海和郁郁葱葱的植物。这时的地球上到处都是恐龙，它们的形状和大小各异，长颈的食草恐龙有大象的6倍重，还有一些恐龙背上有一排尖刺。这些食草类恐龙成为移动迅速、体形庞大的食肉兽脚类恐龙的完美猎物。

侏罗纪世界

30秒大揭秘

在侏罗纪早期（2.01亿年前），泛大陆分裂成两部分。北部有劳亚古陆，南部有冈瓦纳古陆，还有成千上万的岛屿，它们被深海或浅海隔开。在这种温暖潮湿的气候下，曾经干燥的内陆地区现在可以支持植物的生长了。

许多昆虫、小型哺乳动物和爬行动物在三叠纪末期的“大灭绝”中灭绝了，这使得恐龙在陆地上占据了一席之地。这些动物包括大量的巨型蜥脚类动物，如火山齿龙和梁龙，还有鸟臀类的剑龙等。

这些恐龙成了强大的兽脚类动物的猎物，比如双冠龙、斑龙和异特龙。为了抵挡攻击，许多食草动物进化出了盔甲、角和尖刺。

随着大陆继续分裂，恐龙再也不能进行大范围的移动。各个群体开始自行进化。例如，尽管两者有相关性，但长颈巨龙这样的蜥脚类动物生活在北非，但腕龙的遗骸只在北美发现过。

3秒钟总结

恐龙在地球上新出现的大陆上分别进化。

小知识

大陆漂移

冈瓦纳和劳亚两块古大陆进一步分离，成了我们今天所知的大陆。然而，澳大利亚和南极洲在一起的时间比其他大陆更长，它们直到4 500万年前才分开来。随着地球的气候变冷，南极洲开始结冰，而澳大利亚则向北漂移。即使在今天，澳大利亚板块仍然以每年大约13厘米的速度向北移动。

随着泛大陆的分裂，不同种类的恐龙被“困”在了不同的地方

巨大的食草恐龙

30秒大揭秘

长脖子、长尾巴的蜥脚类恐龙用四条健壮的腿走路，而它们是侏罗纪数量最多的一类恐龙。发育成熟的蜥脚类恐龙的体形比同期的最大食肉动物的体形大10倍左右。

在北美洲，腕龙和梁龙数量众多。它们移动缓慢，而且为了安全会选择群居生活，两种恐龙的群体甚至可能会混杂在一起。腕龙主要吃树顶部的食物，它咀嚼坚硬的松针，而梁龙会向下摆动它的长脖子，去够高度较低的植物，它会用形状如铅笔一样的牙齿将蕨类植物耙平。这两种恐龙在咽下食物之前都不会咀嚼——这样它们就有更多时间去做更重要的事情，那就是吃掉更多的食物！

梁龙，高33米左右，长度与网球场的长相当。腕龙相对来说较小，但是腕龙重50吨，是梁龙的3倍。这是因为梁龙的脊椎骨有很多的小气室，这使梁龙更轻并且能够更好地在伸直脖子时承受住颈部的重量。腕龙也有特殊的地方来帮助它自己，腕龙头顶上大大的鼻孔使空气能够进入颅骨，在天热时帮助大脑散热。

3秒钟总结

蜥脚类恐龙完美地适应了侏罗纪的自然条件，因此变得十分常见。

3分钟任务

胃的助手

一些蜥脚类恐龙会吞掉一些被叫作胃石的石头，这些胃石会帮助它们消化那些坚硬的叶状食物。我们来看看这是如何运作的。

你需要：一些小且圆的石块、一个有盖的塑料容器、水和两片生菜叶。

将石块放入容器中；依次加入水、两片生菜叶，然后盖紧盖子；摇晃几分钟，以模仿动物吞下胃石后胃部的变化；打开容器看看这些叶子被破碎的情况。

腕龙和梁龙这样的大型食草动物在侏罗纪很常见

相比身体而言，蜥脚类恐龙的脑袋算是小的——大概像人类的拳头那么大

利用长脖子和不寻常的长长前腿，腕龙可以吃到树顶部的食物

梁龙只有前牙，这些牙可以帮助它把植物的叶子拉低

梁龙有非常灵活的尾巴，它的长度是躯干的两倍

由于腹部十分巨大，蜥脚类恐龙如果只用两条腿走路就一定会摔倒

迅猛的食肉恐龙

30秒大揭秘

大量的食草蜥脚类恐龙成了兽脚类恐龙的主要食物。为了抓到猎物，侏罗纪的食肉动物进化出了一些特殊的体征，比如：可以提高平衡性的坚硬尾巴、强壮的大腿和纤细的身躯，使它们变成了更有力量、速度也更快的捕食者。

现在已知以食草蜥脚类恐龙为食的最古老的恐龙是冰脊龙和单脊龙。它们体长8米，大概相当于2～3只老虎。它们也拥有头冠，其用途也许是装饰，也许是发出警告的声音，又或是吸引其他同种恐龙。

冰脊龙有一个头冠，位于颅骨的上方。冰脊龙又被叫作“猫王龙”，因为猫王（Elvis Presley，美国著名摇滚歌手、演员）的额发就是这个形状。单脊龙的头冠位于它的口鼻下面，紧挨着气室，这使得它们发出的叫声很大。

这些用于装饰的头冠表明恐龙也许有社交活动，甚至可能成群迁徙。实际上，有头冠的双冠龙（这种恐龙大量出现在小说版和1993年上映的电影版《侏罗纪公园》中，不过其中存在一定的错误）的骨架化石被发现的时候，都不止一副。

3秒钟总结

行动迅速、力大无穷的兽脚类恐龙开始大量捕猎蜥脚类恐龙。

3分钟任务

胃的助手

恐龙的牙齿告诉了我们它们吃的是什么：锋利的牙齿被用来吃肉，钝的牙齿被用来吃植物。用一面镜子来看一下你的牙齿：门齿、犬齿、臼齿。用不同部位的牙齿去咬一根小手指粗细的胡萝卜条，然后检查一下哪种类型的牙齿咬得最好。门齿最适合切割，犬齿负责撕咬，臼齿负责嚼碎和碾磨。

有头冠的兽脚类恐龙（如冰脊龙）是第一批捕猎食草恐龙的恐龙

头冠也许被用来辨认身份以及吸引交配对象

冰脊龙因为有很强壮的肌腱，所以它的尾巴很硬

强健的大腿肌肉使得冰脊龙成为一个短跑健将

超级锋利的牙齿可以撕碎厚厚的皮肤和肉

每只前肢的末端都有4根爪子

巨大的捕食者

30秒大揭秘

进入侏罗纪，食肉动物变得越来越大，行动速度越来越快。虽然有些恐龙靠捕猎生存，有些靠吃腐肉生存，但是它们对于几乎任何遇见它们的生物都是一种威胁。它们敏捷并且有很尖锐的爪子，这些爪子可以刺击和劈砍，使受伤者大量失血。

除了它们的牙齿之外，这些恐龙最重要的武器就是爪子，这些爪子像匕首一样，是弯曲的利刃。这些恐龙有很硬的骨头和表层下的角蛋白（构成你手指甲和脚指甲的成分）。许多食肉动物比如永川龙通过进化获得了灵敏的嗅觉，这提高了它们的捕食技术。

在侏罗纪晚期，体长约8.5米的异特龙曾是北美洲最大的捕食者。它可能会独自袭击比它小的猎物，如剑龙，但是它们在猎食像梁龙这样的大型蜥脚类恐龙时，就会进行集体行动。异特龙是一个真正的斗士：许多骨骼标本上都留有猎物反击时给它们留下的伤痕。

3秒钟总结

侏罗纪的食肉动物是十分可怕的捕食者。

小知识

食物链

生物需要食物才能生存下去，无论这食物是动物、植物甚至是泥土！食物链中的这个“链”指的就是它们之间谁吃谁的这种关系。在侏罗纪，植物利用阳光来生长，昆虫吃植物，小恐龙抓昆虫，大恐龙吃小恐龙。当没有任何东西能够伤害它的时候，这种恐龙就处在食物链的顶端。但是在它死后，昆虫以及一些小动物或者是真菌都可以以它的尸体为食。在尸体一部分腐烂、一部分被吃掉之后，这具尸体最后会变成泥土。这整个过程周而复始。

像异特龙这样的食肉动物会捕食大型的食草动物

异特龙眼睛上面的两个头冠可以遮阳

异特龙的双眼长在了头部的两边，这就意味着异特龙的视力不是很好

它充满力量的下颌里长着70多颗尖锐的牙齿

三根尖锐的钩状爪子一直抓住猎物，直到它的牙齿插入猎物的咽喉中

异特龙有三根主要的脚趾，第四根脚趾在每只脚的内侧

恐龙的防御

30秒大揭秘

在侏罗纪时期，鸟臀目恐龙“发明”了新的方法来抵御或逃离捕食者。

有些恐龙身体上长着有尖刺的尾巴和骨板（也称“盾板”），而体形较小的恐龙跑得更快，它们飞快地奔跑着，去吃那些大型食草恐龙够不到的植物。

小盾龙是最先有这种“盔甲”的恐龙之一。它的背部和尾部上覆盖着300块骨板。如果被捕食者追上，它就蹲下来，用骨板抵御前者的身体撞击、牙齿咬或爪子撕扯。

体形更小的奥斯尼尔龙没有“盔甲”保护，但它的特殊武器是它能快速地奔跑，同时还有一条坚硬的尾巴来帮助它保持身体的平衡。它可以吃到距离地面很近的植物，而像腕龙这样巨大的蜥脚类恐龙就够不到低矮的植物。

到了侏罗纪晚期，类似剑龙的大型盔甲恐龙十分常见。它们体长达9米，重约7吨，它们慢慢地穿过林地和平原，寻找新鲜的树叶和嫩芽。它们背上的骨板和致命的带刺尾巴使许多捕食者敬而远之。

3秒钟总结

鸟臀目恐龙要么跑得很快，要么进化出了盔甲和刺，以保护自己不受捕食者的伤害。

小知识

我们可以把你的骨板加热吗？

许多科学家认为，剑龙背上的骨板除了吓跑捕食者之外，可能还有助于控制它们的体温。覆盖在骨板上的皮肤含有血管，流过其中的血液可以经过日晒变热或在微风中快速散热。科学家猜测这些骨板要么色彩鲜艳，要么有特定的图案，这可能有助于它们找到配偶。

像剑龙这样的鸟臀目恐龙，找到了几种躲避捕食者的方法

剑龙的薄骨板可能被用于防御或控制它们的体温

成群结队的行动或许能进一步保护自身免受捕食者侵害

剑龙

它沉重的尾巴上有四根尖刺，可以像棍棒一样向攻击者挥舞过去

像所有的鸟臀目恐龙一样，它有一个嘴和腮袋，适合咀嚼和食用植物

它的大脑只有核桃那么大

轻巧的腿、长长的胫骨和脚趾使奥斯尼尔龙行动迅速

奥斯尼尔龙

羽毛和牙齿

30秒大揭秘

在侏罗纪中后期，一些兽脚类恐龙开始以一种惊人的新方式进化。这一时期的化石表明，不仅它们中的一些在身体的不同部位长出了羽毛，而且它们开始用前肢充当翅膀在空中滑翔。

始祖鸟便是其中最早的一种。它属于手盗龙类，大小大约相当于一只乌鸦，它具有恐龙的特征，如牙齿长在下颌，爪子长在四肢上，并有着一条长长的、骨质的尾巴。但它也有羽毛（尽管这些羽毛太原始了，所以不足以让它飞起来），前肢像翅膀一样。它可能已经能爬上树，然后从树上滑翔下来寻找昆虫。这类恐龙化石不仅对有关鸟类起源的论战很重要，而且对解决所有物种如何在地球上进化的问题也很重要。

其他手盗龙类也有羽毛，但是不能离开地面飞行。近鸟龙差不多只有一只鸡那么大，是迄今为止发现的最古老的一种手盗龙。它很可能靠长腿来奔跑，保存完好的化石显示它有着黑白相间的翅膀和红色的脑袋。它的羽毛可能是用来保暖的，或者是向其同种中其他成员示意。

3秒钟总结

一些小型兽脚类恐龙进化出了鸟类的特征，如羽毛和翅膀。

3分钟任务

起飞！

始祖鸟这样的恐龙可能会像滑翔机一样张开它们长有羽毛的翅膀。请先把一张纸揉成一团，再把它扔下去。再拿出一张纸，正放着，让它从高处落下。因为平放的纸张受到的空气阻力更大，你可以看到它下降的速度有多慢。在这个过程中，纸张在滑翔。

始祖鸟等兽脚类恐龙进化出了羽毛和翅膀，但还是保留了恐龙的许多特征

始祖鸟又被称作“古老的翅膀”

人们猜测它会从树上滑翔下来捕食昆虫

早期的羽毛还很原始，并不能支撑它飞翔

白垩纪时期

在这一段“恐龙的黄金时期”里，生活着残忍的食肉恐龙，比如迅猛龙和霸王龙，还有嘴巴像鸭嘴的、有头冠的食草恐龙。这些食草恐龙在群体中生活，并抚育它们的幼仔。蜥脚类恐龙变得更加庞大，哺乳动物的数量也变得更多，而蛇、开花植物和蜜蜂第一次出现在地球上。海洋生命也品种繁多。但是地下传来了隆隆声。此外，在遥远的太空中，还有某个不速之客正在高速冲向地球……

白垩纪世界

30秒大揭秘

泛大陆在白垩纪继续分离，这使新大洋慢慢产生，南美洲和非洲这些大陆渐渐变成现在的样子。温暖湿润的气候意味着这里不再有极地一样的冰盖，那时的海平面也比现在高很多。今天大多数陆地在那时都在水下，包括英格兰南部和美国中西部。

随着大陆的漂移，不同的植物和动物都在各自的大陆上发展。空中、海里有了更多的翼龙和海洋生物，陆地上有新型的哺乳动物和蚂蚁与蜜蜂这样的社会性昆虫。诸如阔叶树这样的开花植物的数量开始超过蕨类植物，而针叶树则只存活在更高的地方。

这些更富有营养的植物让像三角龙和阿根廷龙这样的大型食草恐龙更易存活，同时也有许多较小的物种食用它们可触及的地面附近的植物。食草动物越来越多也意味着凶猛的兽脚类恐龙（如霸王龙和迅猛龙）有了更多的食物。这些食肉动物进化成了高级的捕猎者和食腐动物，它们的牙齿非常锋利，还拥有有力的下颚、可伸缩的爪子和强壮而迅捷的双腿。

3秒钟总结

白垩纪的恐龙种类更加繁多，出现了新的动植物。

小知识

这是一个艰难的任务，可是……

想象一个没有花朵、果实或蔬菜的世界。如果没有了蜜蜂，我们就会生活在这样的世界。与针叶树不同，被子植物（或称开花植物）需要一些其他的方式传播种子，而不是只依赖风。蜜蜂们通过进化，可以以植物的花粉为食。在白垩纪，蜜蜂从一朵花飞到另一朵上面，它们几乎可以在白垩纪的整个地球上的所有被子植物上觅食。后来，出现了两万种蜜蜂，它们现在还在做着和当年一样的事情！

在白垩纪，生命继续进化，并变得种类繁多
各种翼龙统治着天空
蜜蜂和蚂蚁等昆虫发展了出来
开花植物和阔叶树提供了更多的食物
像沧龙这样的海洋生物的体形变得越来越庞大
有羽毛的恐龙进化成许多不同的物种
小型哺乳动物开始出现

抵御食肉动物

30秒大揭秘

到了白垩纪，食草恐龙的形态已经十分多样，从行动敏捷、如狗一般大小的小型恐龙到长着角、獠牙和厚重颅骨的巨型盔甲恐龙，不一而足。

有一些恐龙用两足行走，另一些用四足行走，但是它们都面临一个问题：捕食者。为了避免被吃掉，鸟臀目的恐龙变得特别擅长自卫。其中的一类恐龙——甲龙，发育出了遍布全身的甲和长着刺的尾巴以抵御所有捕猎者。

像甲龙和包头龙这样的甲龙类恐龙在它们的颈部、背部、身侧以及尾部的坚韧皮肤下面都长有平骨板，这些骨板保护了除下腹以外的所有部位。它们的头部也完全被包裹在像头盔一样的甲里。作为行动缓慢的食草动物，这些对它们而言必不可少，可以帮助它们稳稳地站在原地，不怕捕猎者的牙齿和爪子的撕咬。

同样在白垩纪生存的蜥脚类恐龙找到了另一种击退捕食者的有趣方法。它们的体形十分巨大，以至于大到无法被杀死或吃掉！一些被称为泰坦巨龙的恐龙能长到40米长，而这比存在过的最长的食肉恐龙还要长2倍多。

3秒钟总结

食草恐龙在数量上越来越多，也开发出更好的防御手段。

小知识

不可思议的通道

甲龙有不同寻常的颅骨，颅骨内有一张由贯穿其中的空气管道组成的网络，这些管道有点儿像过山车的轨道。其中的气流能防止大脑在厚重骨头的包裹下过热，也能增强它们的嗅觉，甚至还可以帮助它们发声。它们通过大声喊叫来吸引伴侣，或者在危险到来时向其他同伴发出警报。

鸟臀目恐龙开发出了一些令人印象深刻的防御措施来抵御捕食者

包头龙的甲表面有16厘米长的尖刺

它尾巴上的“锤子”可以击碎恐龙的骨骼

包头龙

它甚至连眼睛都有甲的保护

与一只甲龙搏斗的最佳方法是让它翻倒在地，露出没有覆盖甲的腹部。

阿根廷龙

阿根廷龙的体重相当于14头非洲象！

角与褶皱

30秒大揭秘

严格来说不是所有恐龙长有甲都是为了防御的。另一类名为角龙的食草恐龙的头部周围环绕着具有威慑力的角和颈部的“褶皱”。但是这种外表其实是具有欺骗性的，尽管它们由坚固的骨头组成，但许多褶皱并不能抵挡来自大型食肉恐龙的袭击。

科学家目前认为这些角可能是用来与其他角龙进行打斗的，就像现代的鹿使用鹿角进行打斗一样。颈部的褶皱则可能像散热器一样，用来释放身体的热量或用于吸引伴侣、吓退竞争者。褶皱的颜色甚至随着情绪变化或者周围发生警报而改变。每个物种都有其独特的头甲，很可能用来帮助恐龙辨认各自的身份。

无论它们的用途是什么，这些褶皱和犄角都是相当奇妙的景象。戟龙大大的颈褶上长着4到6根长长的角，两侧面颊各长有一根小一些的角，鼻子上还有一根60厘米的长角。跟大象一般大小的三角龙有一圈颈部褶皱和三根巨角，然而开角龙长着有孔洞的巨型三角形褶皱，就好像后脑勺上的一面大风帆。

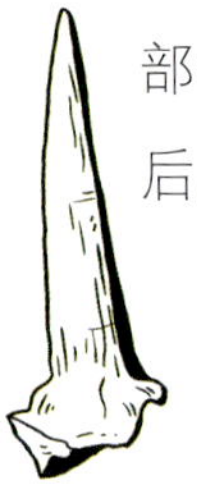

3秒钟总结

角龙在头部进化出了惊人的甲，目的是用于防御和装饰。

小知识

都吃光！

跟外观相比，角龙的尖嘴、颊囊以及位于它们颌骨后部的几排磨牙同样很突出。尖嘴帮角龙把它们赖以为生的植物挖出、咬住并嚼碎。颊囊可以储存大量的食物，而此时特殊的牙齿在下颌的后部把植物磨碎。这些植物中养分很少，再加上它们很难咀嚼和消化，角龙可能不得不连续不停地进食才能活下去。

角龙类独特的长角和颈部的褶皱可能有助于这些食草恐龙在漫长的进食过程中抵御捕食者

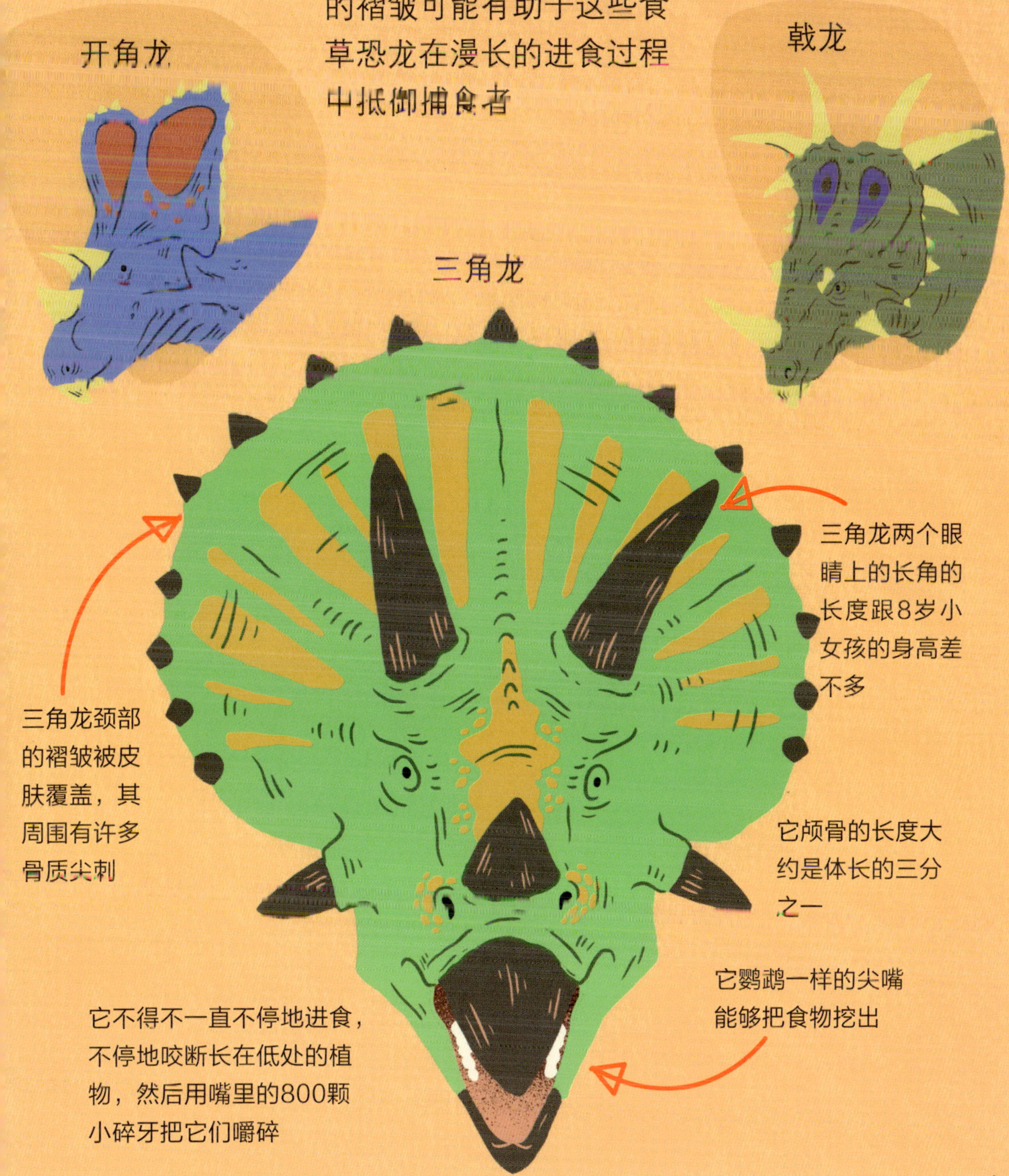

超巨型捕食者

30秒大揭秘

由于周围的许多恐龙都有了护身的甲和巨大的体形，为对付它们，捕食者就要变得更加凶猛。在这些食肉恐龙里，暴龙是最著名的。这些残忍的食肉机器具有巨大的头骨，靠一条沉重的尾巴保持平衡。它们强有力的下巴可以咬穿骨头。

许多食肉恐龙都不过几米长，但是霸王龙长达12米，高6米，它是最大的也是最恐怖的食肉龙之一。它的猎物是三角龙和鸭嘴龙这样的食草恐龙。

霸王龙重达6吨，且在奔跑时的最高时速可以达到32千米。一个巨大的大脑（可能比人脑还大）、灵敏的嗅觉与锐利的眼神能帮助霸王龙找寻猎物或者发现被吃剩下的猎物尸体。它不会咀嚼，所以它把猎物的肉撕扯下来再整块吞下。

霸王龙体形巨大，但是南方巨兽龙（鲨齿龙类的一种）比它还要长2米，并在霸王龙出现3 000万年前就统治了地球。南方巨兽龙有更长的前肢和重达8.25～15.5吨的体重，这也是它每年要活下来必须要吃的食物的量。南方巨兽龙可能以小群体的形式生存与捕食。

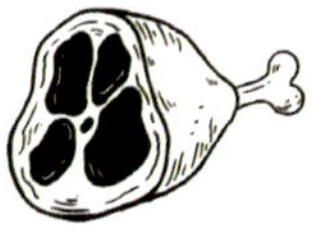

3秒钟总结

在白垩纪，体形更大的暴龙和鲨齿龙成为专门的猎杀机器。

小知识

两份布丁是吗，先生？

体形巨大意味着食量巨大：霸王龙和南方巨兽龙每年大约需要吃掉相当于265名成年人一年的食量的猎物才能存活。霸王龙会一口吞下相对小的恐龙。与南方巨兽龙类似，它有时可能也会猎捕更大的食草恐龙。霸王龙还是食腐动物，它也吃腐烂的动物尸体。有这么大的胃口，谁还有工夫挑食！

南方巨兽龙和霸王龙是世上最凶猛的两种捕食者

背上长帆的棘龙

30秒大揭秘

在白垩纪，有水的地方就有生命。这让大型恐龙开始以捕鱼为食。棘龙类就很擅长捕鱼，它们长长的嘴和锯齿状的牙齿都很像现代的鳄鱼。像棘龙这样的一些恐龙甚至可以一口吞下正在游泳的猎物。

棘龙是已知最大的食肉恐龙，它能长到17米长，22吨重。它用两条腿走路，背上有一面“帆”。它背上的“帆”是由骨质的棘构成的，外面有一层薄薄的皮，一直沿着脊椎延伸下去。

这面“帆”会改变颜色以吸引伴侣或调节棘龙的体温。进入这面“帆”的血液会因为受阳光照射变暖，或因为受到风吹变凉。

棘龙可能是半水生动物，它大部分时间生活在水里。它甚至会在游泳时使用“帆”来改变方向。它大多数时候吃鱼，但也会上岸猎捕其他猎物以及吃其他恐龙打到的猎物尸体，这也让它成为白垩纪时期最令人闻风丧胆的捕食者之一。

3秒钟总结

有独特外观的棘龙可能是地球历史上最大的捕食者。

3分钟任务

更大还是更小？

这里有一些现代比较重的动物，你知道它们和棘龙比，是更重还是更轻吗？

非洲象 蓝鲸 棕熊 咸水鳄

（答案在78页）

极其巨大的棘龙有十分
易于辨认的庞大帆状物
和类似鳄鱼嘴的嘴

它巨大的“帆”在血液流过其中时
可能改变颜色，这跟人们脸红的道
理是一样的

三根长长的弯爪可以用来抓
鱼，或者撕开猎物身上的肉

它可能会用
帆来帮助自
己在游泳中
调整姿势

它的嘴又长又窄，长着锥形的长牙

棘龙的“帆”也可能像骆驼
一样储存着一些脂肪

驰龙

30秒大揭秘

地球历史上最令人恐怖的恐龙是谁？多数人会说是霸王龙。但是对一只生存在白垩纪的恐龙来说，答案可能是驰龙，有的时候我们也会叫它迅猛龙。

看到驰龙的第一眼，这些食肉的兽脚类恐龙可能并没那么吓人。它们体表可能长着一层羽毛，且大部分驰龙都很小。驰龙里最大的犹他盗龙还没有一人高，更小的驰龙也就比鸡更大一些。

但是近看下来，很明显它们是高效的杀手。它们用两足行走，行动迅速，往往成群狩猎。每只驰龙的第二根脚趾上有大而弯曲的爪子以便于爬树。一旦被驰龙捕获，那么这只动物就活不了多久了。在驰龙用一对前肢上各三根利爪抓住猎物并将它们撕碎时，长而结实的尾巴会保持平衡。无论驰龙捕到什么猎物，它们长而有力的下颚和尖牙都会快速把它们吃光。

驰龙是最聪明的恐龙之一，相比于它们的身材来说，它们的大脑是很大的。但即便如此，它们可能还是没有你的宠物猫聪明。

3秒钟总结

在白垩纪，迅猛龙是恐怖而高效的猎杀机器。

小知识

恒温还是变温？

恐龙的体温是个复杂的话题。我们曾经认为所有的恐龙从它们的身体外部——也就是太阳——那里吸收热量。这意味着它们和现代爬行动物一样是变温动物。哺乳动物可以自己调节体温，来维持体温不变，也就是说它们是恒温动物。现在有一些科学家认为某些恐龙是恒温的，或者说它们可能用一种处于恒温与变温之间（或称之为中温）的方式来使自身变热或变冷。另一些科学家则认为这种说法是一派胡言。你怎么看呢？

诸如迅猛龙这样的驰龙，是天生的捕猎高手

迅猛龙的大眼睛可能有助于在夜间捕猎

大多数驰龙都可能是成群捕猎的

羽毛可以用来保暖，而羽毛的颜色可以用来辨认身份或所属物种

所有驰龙的一对前肢上都各有三根爪子，而脚掌面向内侧以抓住猎物

它们最长的那根脚爪在行走或奔跑时可以抬起

鸟形恐龙

30秒大揭秘

在白垩纪，许多兽脚类恐龙发育出了类鸟的特征。似鸟龙类，或者说“似鸵鸟龙类”，有长长的脖子、小小的脑袋和一个没有牙齿的喙。化石上发现了一些皮肤和羽毛留下的印记，表明这些似鸟龙的腿上有一部分只长皮肤而非鳞片。它们长长的腿证明它们行动非常迅速，例如似鸟龙奔跑的速度可达70千米／时，这和鸵鸟一样快。

伤齿龙类也有长长的像鸟一样的腿，而且非常可能有羽毛。但是跟驰龙一样，它们每个脚趾上还有一根长长的爪子，这是用来撕碎它们的猎物的。凭借大大的脑袋，它们曾经是世上最聪明的恐龙。

许多兽脚类恐龙的行为也更像鸟类。举例说，长着羽毛的窃蛋龙类有着像鹦鹉一样的喙，它们在繁衍时也要孵蛋，既吃草，也吃肉。

其他的恐龙则引起了一些争议。阿瓦拉慈龙有长长的腿、尖尖的喙和像鸟一样的爪，科学家们对于它们是否靠挖出白蚁为食有分歧。尽管镰刀龙的爪子有1米长，但它可能用这像大镰刀一样的爪子来采集植物，而不是攻击其他恐龙。

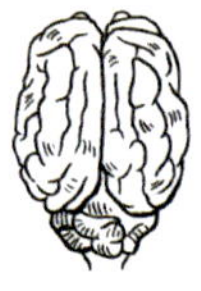

3秒钟总结

在白垩纪晚期有几种类鸟恐龙。其中一些拿到现在也可以归入鸟类。

小知识

仅仅是鸟吗？

类鸟恐龙是被称作“虚骨龙”的食肉恐龙中的一部分。这部分包括所有带羽毛的恐龙以及暴龙，霸王龙也是其中一种。所有的手盗龙，像镰刀龙、驰龙、伤齿龙、窃蛋龙和阿瓦拉慈龙也在这一类，现在的鸟类也是。

白垩纪出现了一些有鸟类性状的恐龙

窃蛋龙的头冠可能有鲜亮的颜色

它得名的原因是曾经被人认为以其他恐龙的卵为食

跟鸟类类似，它有一个没有牙的喙

似鸟龙跑得跟鸵鸟一样快

相对如此庞大的身躯而言，伤齿龙跑得极快

镰刀龙可能只吃植物

其巨大的爪子的功能仍然是一个谜团

鸭嘴恐龙

30秒大揭秘

几百万年来，恐龙的身体发生了很大的变化，但帮助它们幸存下来的并不全是这些变化。社会行为也一样重要。事实上，社会行为让鸭嘴恐龙成了白垩纪晚期最普遍的食草动物。

它们成群出行，这很可能可以防止捕食者的袭击。慈母龙很可能会养育它们的幼仔，使幼仔们更有可能生存下来，而不是仅仅孵化自己的卵。其他的鸭嘴恐龙有不同寻常的头冠，这些头冠往往色彩鲜艳，而且因为与鼻道相通，这些头冠还使鸭嘴龙的嗅觉更为灵敏，并具有社交的作用。冠龙和副栉龙可能还用它们的头冠发出长号一样的喊声，这种声音能传得很远，可以用来求偶以及向其他同类示警。

鸭嘴恐龙也非常善于吃草。它们的鸭嘴可以铲起低矮处的植物，然后再用非常多的磨牙来咀嚼。而蜥脚类恐龙是把植物整块吞下，消化便不如鸭嘴恐龙那样高效。

3分钟任务

像鸭嘴恐龙一样叫

因为有一条气道贯通头冠和鼻孔，每种鸭嘴恐龙都有一种独特的叫声。看看你是否可以发出自己的叫声。

你需要：一根长塑料管、一把剪刀和一个成年助手。

1. 找一个成年人来帮助你剪一些长短不一的塑料管。

2. 尝试不同长度的塑料管，用你的大拇指或其他手指紧紧堵住一端开口，然后对着另一端开口吹气发声。每根管子发出的声音会有什么不同呢？

3秒钟总结

高社会性的鸭嘴恐龙统治了白垩纪晚期。

慈母龙等鸭嘴恐龙会共同
生活，一起照顾幼仔

恐龙灭绝

30秒大揭秘

恐龙在地球上存活了1.6亿年，但是在数月之中就灭亡了。这是怎么回事呢？

许多科学家认为巨大的小行星撞击地球和一系列大规模的火山喷发共同使地球上的生物窒息而死。在白垩纪结束时，大陆漂移引发了无数次火山喷发，闻起来像臭鸡蛋味的有毒烟尘在空气中弥漫。3万年里，火山喷发产生的岩浆能铺满半个印度。

当然，小行星只会使情形更加严重！当直径达到10千米的它撞到今天的墨西哥地区时，就好像有几千枚核弹同时引爆，将数百万吨的灰尘、泥土和碎石吹到空中，并引发了飓风、野火和大海啸。

灰尘遮天蔽日持续数月，植物因此死亡，食草恐龙也灭绝了。食肉恐龙和地球上四分之三的生命一样也饿死了。但是有一些动物还是活了下来。大多数幸存者都生活在水下或者地洞里。其中许多动物都是现代哺乳动物的祖先。

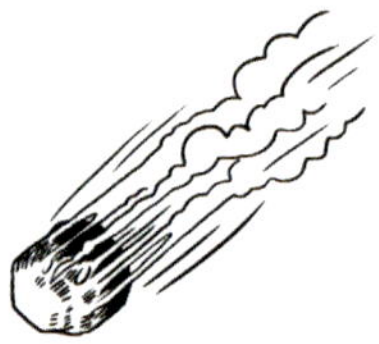

3分钟任务

做一个陨击坑！

6 600万年前，当一颗小行星撞到今天的墨西哥地区时，它产生的冲击在地表上留下了一个巨大的陨击坑，或者说大洞。现在，做一个你自己的陨击坑！

你需要：报纸、速溶巧克力粉、粉末颜料或面粉、大小重量不一的球（例如一块大理石球）、一堆黏土和一个苹果

1. 走到户外，把报纸铺在地上，再往上面撒好粉末。
2. 从不同的高度向下抛重量不同的球并观察每一次撞击如何产生大小不同的坑，并将残骸碎片喷出。

3秒钟总结

白垩纪末期的灾难性事件导致了所有非鸟恐龙的灭绝。

许多科学家认为，火山喷发和大质量小行星撞击地球导致恐龙时代的终结

火山所喷出的气体和烟尘可能造成了许多动物和植物的灭绝

由于没有太阳光的照射植物就会死去，动物也一样

小行星的撞击可能会引发地震、火山喷发和大海啸

一颗撞上地球的小行星被称为陨星。墨西哥的那个陨星撞击点被称为奇克苏鲁布陨击坑

尘埃和灰尘颗粒可能将地球掩盖了10年之久

灭绝之后

30秒大揭秘

恐龙已经灭绝，但其他生物幸存了下来。在恐龙的大灭绝之后，陆地慢慢地悄然漂移到今天它们所处的位置，气温回落，绿草重生。

哺乳动物——大多数是吃低矮植物的食草动物——靠着新的食物繁衍生息。而且其中多数物种大批地迁移到广阔的绿色平原上。食草动物变多，意味着靠捕猎前者为生的食肉动物也会变得更多。昆虫、爬行动物和海洋生物的数量再次开始增长。

新生代是哺乳动物的时代，从6 600万年前开始一直到现在。这个时代有人类、猿类，还有一些没能撑过之后来临的冰川时代的哺乳动物。现在，人类是主宰这个星球的物种。

但那绝不是恐龙故事的结局。它们的后代——鸟类，遍布包括南极洲的全世界。如今，鸟类无疑统治了天空，就像它们的非鸟祖先曾经统治了陆地一样。事实上，一些幼鸟看起来跟恐龙十分相似。

3分钟任务

濒危或灭绝

大规模物种灭绝的最著名案例就是恐龙灭绝，但是恐龙时代结束以后还有许多物种也灭绝了。当一个物种有灭绝的危险时，我们就说它极度濒危。现在，世界上共有200多种哺乳动物处于极度濒危的状态。上网或在图书馆做个调查，看看哪些物种处于濒危状态。

（答案在78页）

3秒钟总结

在恐龙灭绝之后，其他动物在陆地上繁荣生长。

在新生代，哺乳动物和鸟类
成为主宰地球的生物

我们如何认识恐龙

直到19世纪，恐龙化石才被认定是一种史前动物的遗骸。在此之前，这些奇形怪状的骨头都被当作龙或巨人的骨头！但是长年的科学研究已经让我们了解了许多关于恐龙的知识，而且还有更多知识等着我们去探索。到目前为止，有将近700个恐龙物种被命名，而且几乎每周都会有一个新的物种得到命名。

什么是化石

30秒大揭秘

我们是怎么知道恐龙存在过的呢？它们是什么样子的呢？当然，这是从化石里知道的！

但什么是化石呢？它们是如何在至少6 600万年的时间里保存完好的呢？首先，与地球上曾经生存过的生物数量相比，化石——也就是完好地保存下来的植物或动物的遗体或遗迹——极为罕见。大多数死去的动物会腐烂掉，它们的骨骼和牙齿随着时间的推移会逐渐消失在尘埃中。

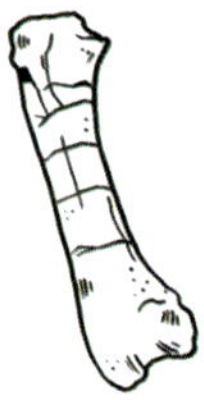

但偶尔也会发生特例，比如说一只恐龙陷在了泥里，它的身体被沉积物覆盖，难以被食腐动物吃掉。如果接触不到氧气，身体就需要很长时间才能腐烂。在数千年的时间里，矿物质渗入了牙齿、骨骼，有时还会进入皮肤等其他部位，并使之硬化成岩石。

随着时间的推移，恐龙化石被推到了地表，被水冲走，或者因山崩而露出地面。古生物学家试着把它们拼凑在一起，就像一个缺了很多块的三维拼图一样。通过清理化石，他们可以重建恐龙骨架，解释每一个恐龙的样子，甚至能搞清楚它们是如何生存和死亡的。

3分钟任务

展示和讲述

如果从你的挖掘物中找到了一块化石，怎么办？让我们来把它保存起来吧！

你需要：罐子、PVA胶水、水、画笔、小陈列盒、笔和标签

1. 在罐子里，用4份水稀释1份胶水。
2. 把胶水小心地刷到你的化石上，然后晾干。
3. 干燥后，把保存好的化石放在陈列盒里，一定要正确标注物种名称、身体部位以及发现它的日期和地点。

3秒钟总结

科学家通过检查存留在土里的化石来研究恐龙。

古生物学家寻找恐龙化石以便对它们进行保存和研究

痕迹化石

30秒大揭秘

恐龙化石不全是骨头和牙齿，还有恐龙蛋、恐龙脚印，甚至还有恐龙的胃部内容物，这些东西可以帮助我们了解每一种动物的生活方式。这些化石被称为“痕迹化石”。

胃容物和粪化石告诉我们恐龙吃什么食物，包括植物种子、昆虫和其他恐龙。在胃容物里，甚至还发现一些恐龙在极端的情况下吃掉了自己的幼仔！

恐龙牙齿是最常见的发现物，这些牙齿告诉我们这种动物能否咬穿骨头、撕下肉块或从树上剥下叶子。牙齿揭示了恐龙是如何吃东西的，是吞下整块肉、把植物性食物磨碎还是切碎。有时发现的只是一些行迹，或者说恐龙的脚印，但即使只通过这些，科学家也能确定恐龙的奔跑速度，它是否群居生活，或者它有多重。

其他的遗迹也能帮助古生物学家找到突破性的发现。变成化石的慈母龙的巢和卵显示出，这种物种新出生的幼仔无法自己进食：这意味着它们的父母不得不抚养它们，而不是让这些小恐龙像其他许多种恐龙的幼仔一样自己照顾自己。

3分钟任务

自制化石

如果你的运气不好，没有在之前的挖掘中找到化石，那么为什么不干脆自己做一个？

你需要：2升或4升容积的大牛奶盒（竖着剪开）、剪刀、沙子、熟石膏和一个成人助手。

1. 在大人的协助下，将奶盒剪开，用厚厚的一层沙子把它装满，再用脚踩实、留下脚印。2. 和一些石膏，将石膏倒入盒子，使石膏把脚印完全盖住。3. 等石膏凝固，然后小心地取出脚印的“化石”。

3秒钟总结

痕迹化石和行迹显示出了恐龙生活的信息。

与恐龙骨头相比，形成化石的遗骸有时能告诉我们更多关于恐龙的信息

恐龙侦探

30秒大揭秘

有些化石的发现可以引起关于恐龙的一些突破性发现。下面举几个例子：

19世纪晚期，在美国西部的摩里逊岩层里发现了许多化石，这引发了两个互相竞争的古生物学家之间的“骨头大战”，他们想看看谁能鉴别出更多种恐龙。在这场“战争”的最后，他们发现了140多种恐龙，包括剑龙、异特龙、梁龙、腕龙和雷龙。实际上，这些恐龙骨头中还有很多仍然包埋在石头里供游客参观。

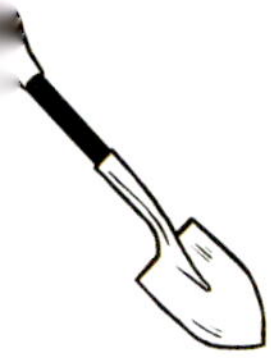

在20世纪90年代中期，数以千计的“有翼”恐龙遗骸在中国辽宁的细粒沉积物层中出土，其中包括孔子鸟和中华龙鸟。发现它们的时候，甚至有许多遗骸的体表还保存有绒绒的羽毛。这一发现带来了对长有羽毛的恐龙、飞行能力和鸟类进化过程的全新理解。

中国和蒙古的戈壁沙漠也有许多恐龙方面的发现。古生物学家发现了一具保存完好的雌性窃蛋龙骨骼，这位母亲还坐在她的卵上面呢！那里甚至还发现了一只迅猛龙和一只原角龙的化石，它们当时还在激烈地战斗，而一场沙尘暴瞬间将它们都杀死。

3秒钟总结

一些化石的发现引起了对恐龙外观和行为方式的全新认识。

小知识

已发现的最大的恐龙化石

股骨——2.4米长，属于泰坦巨龙，1987年发现。

颅骨——约3米长，属于三角龙，2012年发现。

最长的完整恐龙骨架——27米长，属于梁龙，1901年发现。

牙齿——30厘米长，包括牙根，属于霸王龙，1990年发现。

一些化石的发现引起了关于我们对恐龙认识的巨大突破

骨头大战

在19世纪晚期的美国，爱德华·科普和奥斯尼尔·马什为了在同一块区域找到更多的恐龙化石而激烈竞争

在20多年里，他们发现了世界上最有名的一些恐龙化石

与鸟类的联系

在20世纪90年代，化石和印痕成了长有羽毛的恐龙存在过的证据

已经发现的小盗龙化石有长有羽毛的四肢，这些肢体适合进行滑翔

沙中的景象

出土时的位置显示出，这只迅猛龙和原角龙正在搏斗。它们被埋在沙子里，一场沙尘暴夺去了它们的生命

微型恐龙

30秒大揭秘

鸟类从哪里来？虽然科学家们还不能彻底搞清楚发生过什么事情，但是他们现在一致同意，鸟类是恐龙的直系亲属。

古生物学家们仍然在努力工作，想要理清恐龙和早期鸟类之间的复杂关系，并解释飞行能力和羽毛的进化过程。但是我们现在知道，有些恐龙已经长出羽毛，甚至可以用它们长长的、长着羽毛的四肢在树木之间滑翔。许多手盗龙类这样的兽脚类恐龙还有灵活的腕部，这让它们可以更轻松地飞行。

鸟类和一些恐龙共有许多其他特征，比如它们都会孵卵，都会用颜色鲜艳的羽毛来吸引配偶，都有钩爪以抓住或杀死猎物。鸟类还有一些与恐龙相同的地方，那就是叉骨。

我们可能不会知道恐龙和鸟类进化的细节，但是有一件事情是肯定的：恐龙现在仍然存活于世。我们在花园、城镇、沙漠、热带甚至南极洲都可以看到它们。实际上，它们仍然是史上最成功的动物群体之一。

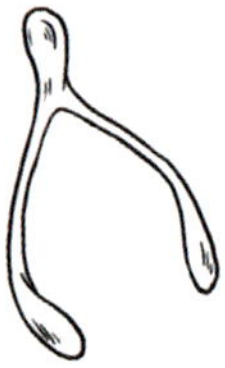

3秒钟总结

科学家们现在知道，鸟类是恐龙的直系后裔。

小知识

鸡龙？

虽然感觉难以置信，但是1993年上映的《侏罗纪公园》的故事（让恐龙在热带岛屿上复活）确实是可能发生的。科学家们已经创造出了“鸡龙”！通过改变鸡蛋里小鸡的一个基因，科学家们阻止了喙的生长，让它长出了更像恐龙嘴的器官。很明显，下一步就是让小鸡的尾巴也变个样子……

鸟类和恐龙有许多共同特征

鸟类和恐龙是仅有的两类拥有叉骨的动物

随着时间的流逝，鸟类的体形会“萎缩”，这有助于它们的生存。它们的体内有一个基因甚至可以被关掉，这样它们就会长出喙，而非有牙齿的下颌！

与许多鸟类类似，人们认为恐龙也会使用颜色鲜艳的羽毛来吸引配偶

一根羽毛的进化*

* 羽毛中间的主干称为羽轴，羽轴上长出的分支称为羽支，羽支的分支称为羽小支。我们可以看出，图中的羽毛逐渐随着进化变得更加致密，从而使得挥动羽翼的动作可以提供更大的力量。——译者注

恐龙骨架

30秒大揭秘

找到完整的一套恐龙骨架是很少见的事情。实际上，一块变成化石的恐龙骨骼能在地底一直完好保存下去的概率都是很低的。毕竟，这些骨头是从6 600万年前留下来的！然而，正是这些或完整或靠钉子连起来的骨头阐述了最多的关于恐龙外观及其生活方式的信息。

但是，是什么让它们变成它们看上去的那个样子？有些恐龙体形巨大，是为了抵御其他大型捕食者。而其他恐龙体形较小，善于奔跑和躲藏，或者以体形更大的动物够不到的食物为食。长长的腿可以让它们跑得更快，而更粗的腿则可以支撑更重的身体。

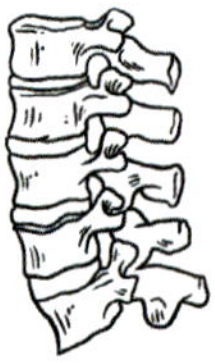

可用的食物种类也会有影响——一些恐龙进化出了用来磨碎植物性食物的强壮颌骨，或者用来盛装植物性食物的颊囊。有些长出了长爪子，来杀死猎物、挖开白蚁的巢穴或者从树上揪下树叶。不论在哪里，只要有食物存在，就会有某种恐龙进化出一种觅食方法！

恐龙的适应行为不只用于觅食、逃离捕食者或猎食。颈部的褶皱，头部的甲、头冠、骨板，这些都可能吸引来配偶，帮助恐龙互相识别和找到对方，甚至还能调节它的体温。

3秒钟总结

虽然很稀少，但恐龙的骨架可以给我们提供许多关于它们的重要线索。

小知识

两个大家伙！

史上被发现的最大的霸王龙的名字是“苏”（以发现者的名字命名）。这名字听上去挺友好的，但是这只臀高4米、体长12.3米、体重约6.5吨的恐龙依旧是一只令人惧怕的动物。“苏”的售价是760万美元，这是恐龙骨架的最高成交价格。此外还有“苏菲”，这是世界上最完整的剑龙骨架，包括有85%的骨骼。这副骨架展示于英国伦敦的自然历史博物馆中。

一副霸王龙的骨架可以显示出它与其他种类恐龙的重要不同

霸王龙的颌骨可以咬碎骨头。其他恐龙的颌骨和牙齿则与挖掘植物、吃掉昆虫或捕鱼相适应

霸王龙的大脑跟人类的差不多，剑龙的大脑只有胡桃那么大

蜥脚类恐龙的胃部可以容纳巨量的植物，以供它慢慢消化。但是霸王龙的代谢却很快

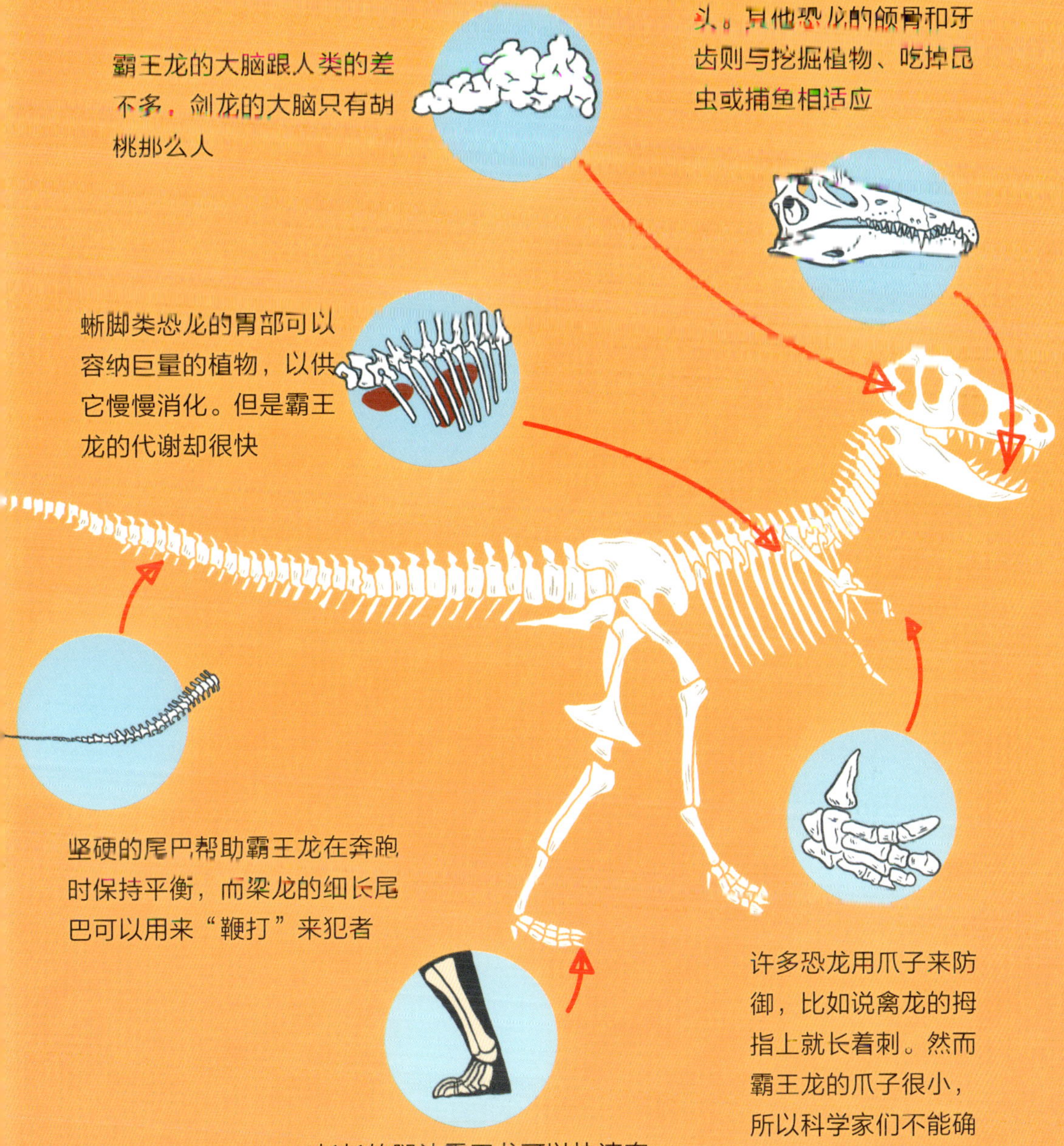

坚硬的尾巴帮助霸王龙在奔跑时保持平衡，而梁龙的细长尾巴可以用来“鞭打”来犯者

许多恐龙用爪子来防御，比如说禽龙的拇指上就长着刺。然而霸王龙的爪子很小，所以科学家们不能确定其用途

长长的腿让霸王龙可以快速奔跑。然而蜥脚类恐龙却需要厚重而笔直的腿部来支撑其体重

变化中的观点

30秒大揭秘

起初，人们认为恐龙骨骼属于巨龙或巨人。虽然当时人们对恐龙一无所知，但是这在中世纪其实很正常。当然，我们现在知道了许多关于恐龙的知识，所以我们可能觉得已经没有什么发现可以让我们感到吃惊了。但是随着我们发现的恐龙化石越来越多，也开始使用新技术，我们对于恐龙的认识有了更多令人着迷的细节，我们不断用新的故事来代替旧的故事。

通常认为，霸王龙的皮肤覆盖着鳞片，类似于蜥蜴。但是我们现在知道，另一种大型暴龙类——羽暴龙身上长满了羽毛。也许所有年青的暴龙类都像刚出生的小鸡一样，有柔软而毛茸茸的皮肤？

大约一百年前，在一窝卵旁边发现了一种恐龙化石，人们认为它正在偷卵吃，所以给它取名为窃蛋龙。但是后来的研究显示出，它其实是在像鸟一样孵蛋。这一发现改变了我们关于恐龙对幼仔的态度的认识，也让我们重新考虑恐龙与鸟类之间的联系。

还有很多恐龙的谜团尚未解开……恐龙是像哺乳动物那样，还是像爬行动物那样调节体温？恐龙的体表颜色是不是很显眼？它们发出的声音是什么样的？霸王龙难道只是体形巨大的食腐生物吗？

3秒钟总结

随着时间的推移，我们关于恐龙的认识在不断地变化。这些认识到现在仍然留有很多问题。

小知识

彩虹的所有颜色

恐龙的皮肤颜色仍然是一个谜。通常在画作中，恐龙的皮肤是灰色的，或者其他让它们融入环境的颜色。但是如果头冠和颈部褶皱这样的性状有装饰作用的话，它们就更有可能长有鲜艳的皮肤，或者可以随时变色的皮肤。你怎么想呢？

新发现和新技术让我们可以了解更多关于恐龙的知识，但是仍然有很多谜团等着我们去解开

☆ 小问题答案 ☆

第8页：趋同进化
长着尖刺的植物和动物包括仙人掌、河豚、豪猪。

第52页：更大还是更小？
非洲象：更轻（约6吨）
蓝鲸：更重（约180吨）
棕熊：更轻（约1吨）
咸水鳄：更轻（约2吨）

第62页：濒危或灭绝
濒危动物包括：白色犀牛、苏门答腊虎、小头鼠海豚、西部低地大猩猩、阿穆尔豹、爪哇犀牛、苏门答腊象、华南虎和克罗斯河大猩猩等。